마음챙김 플라워힐링북

발   행 : 2025년 05월 10일
글 · 사진 : 다미
표지디자인 : 정선경
편   집 : 이종팔
기획 · 홍보 : 르테 · 예찬

펴 낸 이 : 정선경
펴 낸 곳 : 글모이 출판사
출판 등록 : 제2024-000001호
책 출간 및 기타 문의 : geulmoi@naver.com
Copyright ⓒ by 글모이출판사 all rights reserved.
31,000원

979-11-987502-2-8

🟩 프롤로그 🟩

지금 어떤가요?
내 마음이 어떤지, 내가 무엇 때문에 힘들어하는지,
'마음챙김 플라워 힐링북'을 통해 '내면의 나'를 만나 보세요.

인간의 삶을 '새옹지마, 사필귀정, 고진감래, 인생무상, 희로애락,
길흉화복, 우여곡절, 모진풍파, 일장춘몽'이라고들 하지요!
영어로 삶을 'life'라고 하는데,
뭔가 변화가 필요할 때, 힘들 때,
life에 'if'가 있음을 꼭 기억하면 좋겠어요.

장 폴 사르트르는 "인생은 B와 D사이의 C다."라고 했습니다.
인간의 삶은 "태어나서(Birth), 죽을(Death) 때까지 선택(Choice)의 연속"
임을 강조한 것입니다.
'삶의 주인'인 나를 위해 이 책, '마음챙김 플라워 힐링북'을 선택하는 것은
자신에게 의미 있는 '현재의 선물'이 될 것입니다.

일반적으로 습관 형성에 필요한 기간을 21일 또는 66일이라고 하지요.
이 중 66일 법칙은 2009년 University College London에서 진행된
연구로 12주 동안 참가자들을 추적 조사하여, "개인마다 차이가 있지만,
대체로 18일에서 254일 사이에 새로운 행동이 자동화되기 시작했다"며,
"새로운 습관을 형성하는 데 평균적으로 66일이 걸린다."라고
보고했습니다.

세차운동은 지구의 회전축이 마치 팽이를 돌 때처럼 흔들리는 현상으로
지구의 자전축이 세차운동을 통해 1도씩 움직이는 데,
약 72.2년이 걸린다고 합니다.

하여, 여러분들의 적극적이고 꾸준한 마음챙김을 돕고자
72개의 플라워를 삽입하여 힐링도 하고 색칠도 할 수 있도록,
또한, 내 마음을 솔직하게 적어 볼 수 있도록 구성하였습니다.

'마음챙김 플라워 힐링북'으로
나의 심리 근육을 단단하게 만들어 보시길 바랍니다.

목   차

작가소개
프롤로그   3
시작할까요?   5

마음챙김 플라워 힐링
  1. 카네이션으로 힐링   …8
  2. 개나리와 함께   …10
  3. 스타티스 리스   …12
  4. 작은 부케   …14
  5. L자형 꽃꽂이   …16
  6. 수직형 꽃꽂이   …18
  7. 반구형 꽃꽂이   …20
  8. 안개꽃 토피어리   …22
  9. 변형 L형 꽃꽂이   …24
 10. 구조물 삼각형 꽃꽂이   …26
 11. 안개꽃 꽃바구니   …28
 12. 원추형 꽃꽂이   …30
 13. 변형 스프레이형 꽃꽂이   …32
 14. 캐모마일 꽃바구니   …34
 15. 변형 역T자 꽃꽂이   …36
 16. 나에게 소중한 것들   …38
 17. 원형 부케   …40
 18. 함께 춤을~   …42
 19. 옥시 꽃바구니   …44
 20. 금어초 역T자형 꽃꽂이   …46
 21. 대각선형 꽃꽂이   …48
 22. 구조물 센터피스   …50
 23. 나리와 장미의 노래   …52
 24. 초록 세상   …54
 25. 내 마음을 전해요!   …56
 26. 사랑이란...   …58
 27. 폭포형 부케   …60
 28. 첫눈에 반해요!   …62
 29. 솔리는 미역취!   …64
 30. 비잔틴콘   …66
 31. 행복 수레국화   …68
 32. 기쁜 소식을 전해요!   …70
 33. 낮에 활짝 피었어도 달맞이꽃!   …72
 34. 꽃의 여왕 장미   …74
 35. 나의 진실한 사랑   …76

36. 보리밭 사잇길 ⋯78
37. 빨갛게 수줍은 미소를 띠는 칼랑코에 ⋯80
38. 변하지 않는 사랑을 꿈꾸며! ⋯82
39. 훈훈한 정을 나눠요! ⋯84
40. 각양각색 꽃다발 ⋯86
41. 시원한 부채형 꽃꽂이 ⋯88
42. 상큼한 우정을 가꿔요! ⋯90
43. 공기를 깨끗하게! ⋯92
44. 나 자신에게 감사를! ⋯94
45. 때로는 단순하게 ⋯96
46. 포용 ⋯98
47. 따로 때론 함께 ⋯100
48. 코끼리 마늘 ⋯102
49. 나를 위한 천일 사랑 계획 ⋯104
50. 나를 든든하게 지키는 마음챙김 ⋯106
51. 추억 속으로 ⋯108
52. 함빡 웃어봐요! ⋯110
53. 지금 함께하기에 행복하다! ⋯112
54. 누구나 한 가지 이상의 신비함을 갖고 있어요! ⋯114
55. 잘 보이지 않지만, ⋯116
56. 단짝 친구 ⋯118
57. 자연스럽게 ⋯120
58. 풀을 묶어 은혜를 갚아요! ⋯122
59. 최고의 행운 ⋯124
60. 늘 푸른 청년이고파라 ⋯126
61. 한계 너머 희망 ⋯128
62. 나는 나! ⋯130
63. 적당한 거리 두기 ⋯132
64. 맘껏 허리를 펴요! ⋯134
65. 나에게 꽃을 선물해 봐요! ⋯136
66. 단단한 나! ⋯140
67. 유리 볼 나의 마음들 ⋯142
68. 세 갈래의 길 ⋯144
69. 적응력 ⋯146
70. 보편적 경험 ⋯148
71. 분별력 ⋯150
72. 지금 이 순간 ⋯152

에필로그 153
참고자료 그리고 더 읽으면 좋은 자료 155
  부록1. 희로애락 감정들 156
  부록2. 마음챙김 활동지 157

시작할까요?

과수, 채소, 화훼 등 원예식물을 통한 아름다움의 인식과 의식주 해결을 위한 인간의 활동을 우리는 '원예활동'이라고 합니다.

원예치료(Horticultural Therapy)란,
식물을 대상으로 하는 인간의 다양한 원예활동을 통하여 사회적, 교육적, 심리적 혹은 신체적 적응력을 기르고 이로 말미암아 육체적 재활과 정신적 회복을 추구하는 전반적인 활동을 의미합니다.
원예치료는 생명을 매개로, 상호역동적이며 식물을 자르고 꽃과 잎을 따는 등 창조적 파괴행동을 통한 예술적 승화입니다.

　　　*우리나라 보건복지부 고시 제2017 - 130호(2017. 7. 20),
　　　 신의료기술의 안전성・유효성 평가 결과 고시 일부 개정 중,
　　　「의료법」제53조 및 「신의료기술평가에 관한 규칙」제4조에 의한
　　　「신의료기술의 안전성・유효성 평가 결과 고시」가 일부 개정됨에 따라
　　　 원예치료가 인지중재치료의 신의료기술로 인정됨(제668호 인지중재치료).

72개의 플라워(꽃꽂이, 꽃다발 등) 사진과 선화로 힐링 해 보세요.
사진과 동일하게, 또는 자신이 원하는 대로 편하게 색칠해 보세요.

부록에 있는
희로애락과 관련된 단어들을 참고해 보세요.

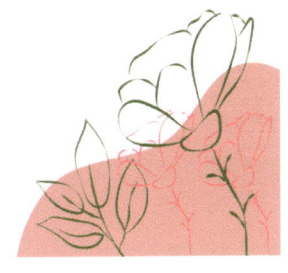

1. 카네이션으로 힐링

카네이션 하면 무엇이 떠오르나요?

지금 내 마음은 어떤가요?

2. 개나리와 함께

-개나리, 버들강아지, 조팝나무, 수수꽃다리-
봄! 봄! 봄!
봄이 오면 어김없이 찾아와 주는 꽃들아! 안녕~

지금 내 마음은 어떤가요?

3. 스타티스 리스

'리스'는 식물 재료와 부자재를 사용하여
원형으로 만든 꽃장식을 의미합니다.
리스는 '영원성, 무한성' 등을 상징하며,
결혼식, 성전, 각종 행사 등에 사용되고 있어요.

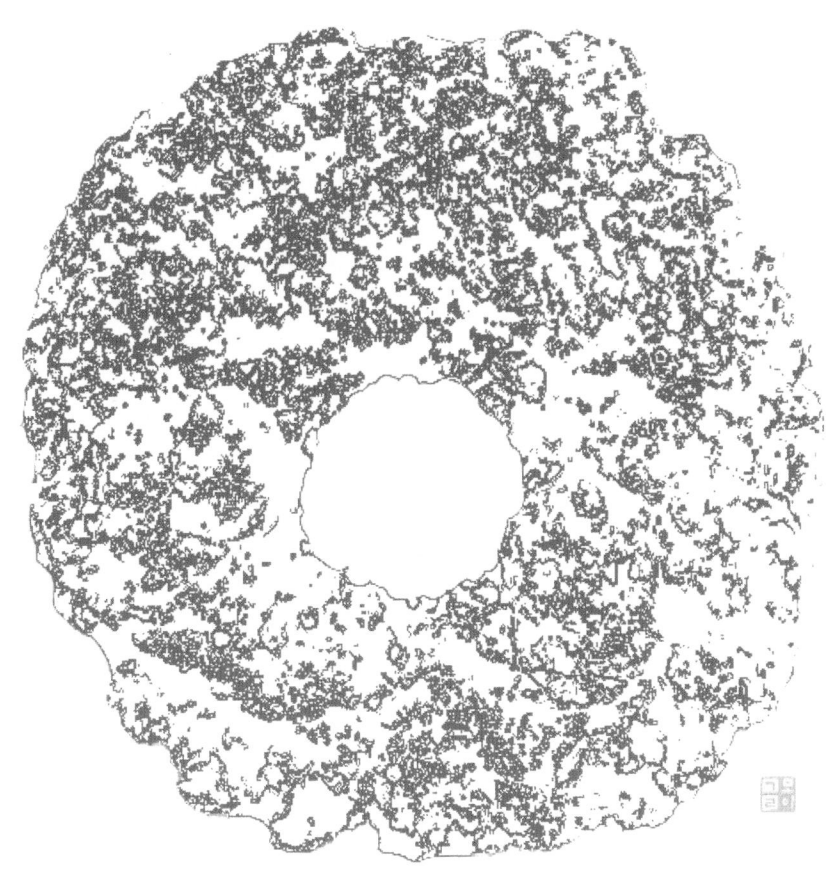

지금 내 마음은 어떤가요?

4. 작은 부케

-장미, 리시안셔스, 칼라, 아네모네, 유칼립투스 등-
부케(bouuet)는 프랑스어로 '다발, 묶음'이라는 뜻입니다.
꽃이나 잎을 다발로 묶은 꽃다발로 '신부화, 웨딩부케'라고도 해요.
부토니에르(boutonniere)는 신랑의 양복에 꽂지요.

지금 내 마음은 어떤가요?

5. L자형 꽃꽂이

-흰 장미, 미스티 블루 등-
미스티 블루의 꽃말은 '청초한 사랑'입니다.

지금 내 마음은 어떤가요?

6. 수직형 꽃꽂이

−패랭이, 스토크, 카네이션, 황금 편백나무 등−
패랭이꽃은 패랭이 모자를 닮아 붙여졌어요.
또 다른 이름으로는 대나무처럼 줄기에 마디가 여러 개 있어서
'석죽(石竹)'이라고도 불립니다.

지금 내 마음은 어떤가요?

7. 반구형 꽃꽂이

-라넌큘러스, 미스티 블루, 황금 편백나무 등-
라넌큘러스의 꽃말은 '매력, 매혹'입니다.

지금 내 마음은 어떤가요?

8. 안개꽃 토피어리

안개꽃과 황금 편백으로 장식한 토피어리!
분홍색 안개꽃의 꽃말은 '죽을 만큼 사랑합니다'입니다.

* 토피어리(Topiary)는 나무나 관목을 다듬어 특정한 형태나 디자인으로 만들어 가는 정원 예술입니다. 식물을 조각처럼 다루는 예술적인 기법으로 보통 꽃, 나무, 관목 등을 이용하여 다양한 모양을 만들 수 있어요.

지금 내 마음은 어떤가요?

9. 변형 L형 꽃꽂이

-프리지어, 라넌큘러스 하노이, 왕버들 등-
달콤한 향기가 나는 프리지어의 꽃말은
'천진난만, 순결, 새 출발을 응원합니다' 등이 있어요.

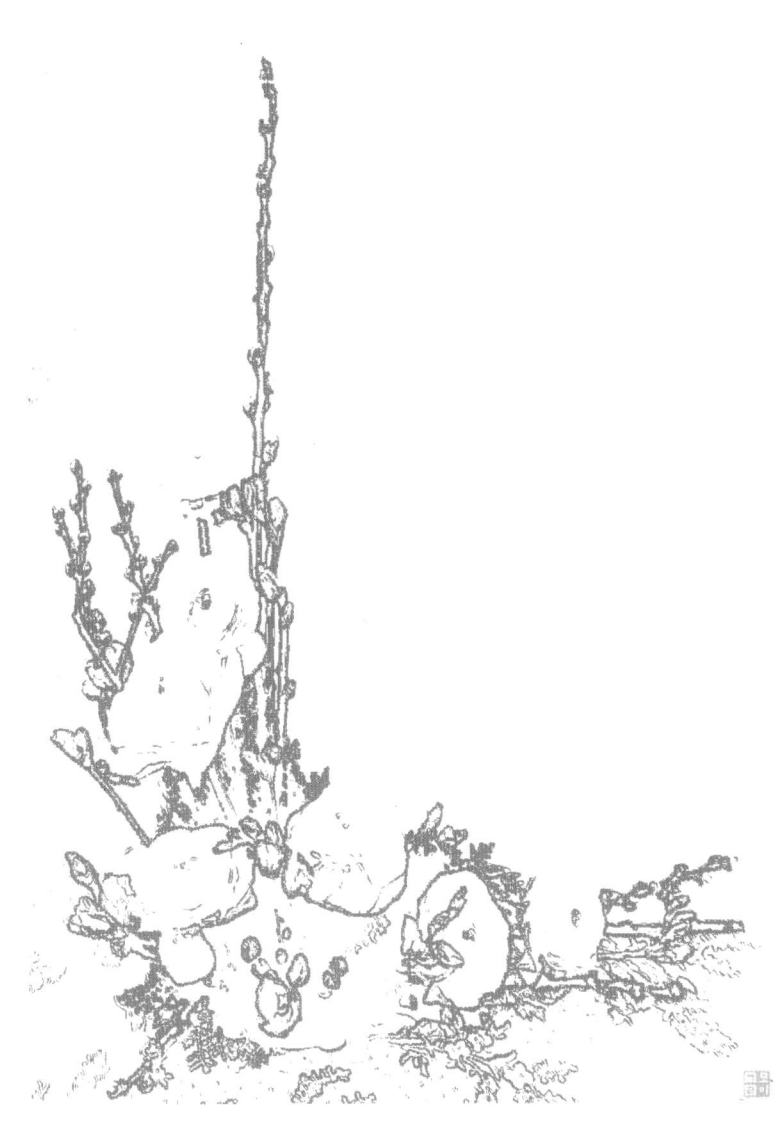

지금 내 마음은 어떤가요?

10. 구조물 삼각형 꽃꽂이

-굴거리나무, 백합 르네브, 카네이션, 말채나무 등-
굴거리나무의 꽃말은 '내 사랑 나의 품에, 자리를 내어줌'입니다.

지금 내 마음은 어떤가요?

11. 안개꽃 꽃바구니

안개꽃과 황금 편백으로 풍성한 꽃바구니!
편백나무는 목질이 좋고 향이 뛰어나 실용성이 높아요.
특히, 편백에 함유된 피톤치드가 아토피 치료에
효과가 있다고 알려지면서
베개, 벽지, 도마, 장난감 등
각종 생활용품으로 활용되고 있어요.

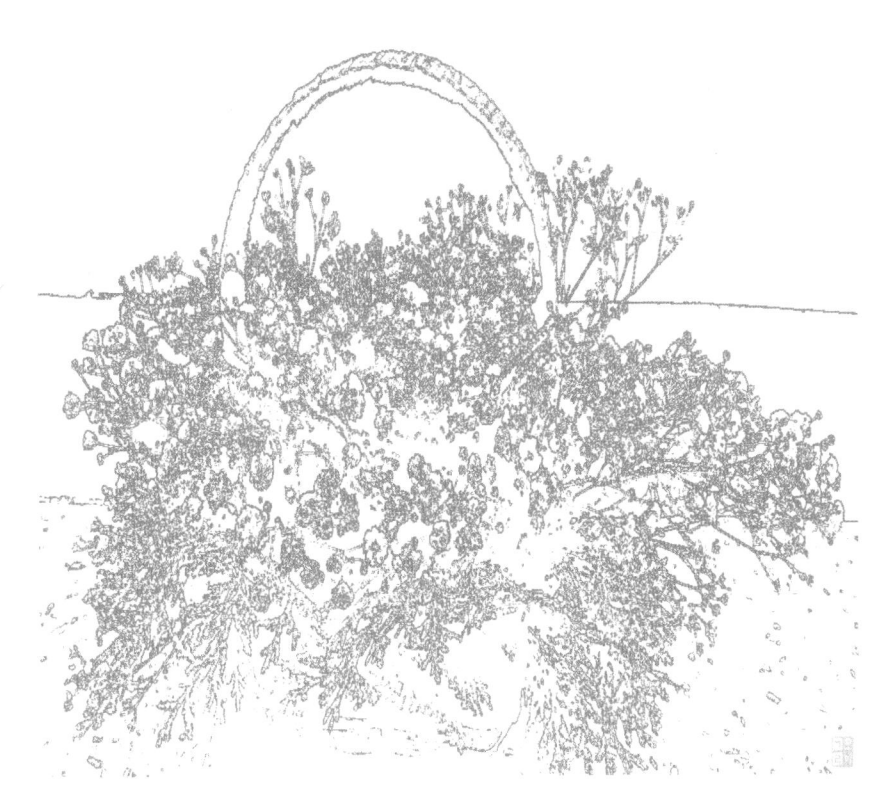

지금 내 마음은 어떤가요?

12. 원추형 꽃꽂이

장미, 스토크, 황금 편백 등으로 원추형 꽃꽂이를~
스토크는 '영원한 아름다움, 영원한 사랑, 변하지 않는 사랑,
사랑의 믿음'이라는 꽃말을 가지고 있어요.

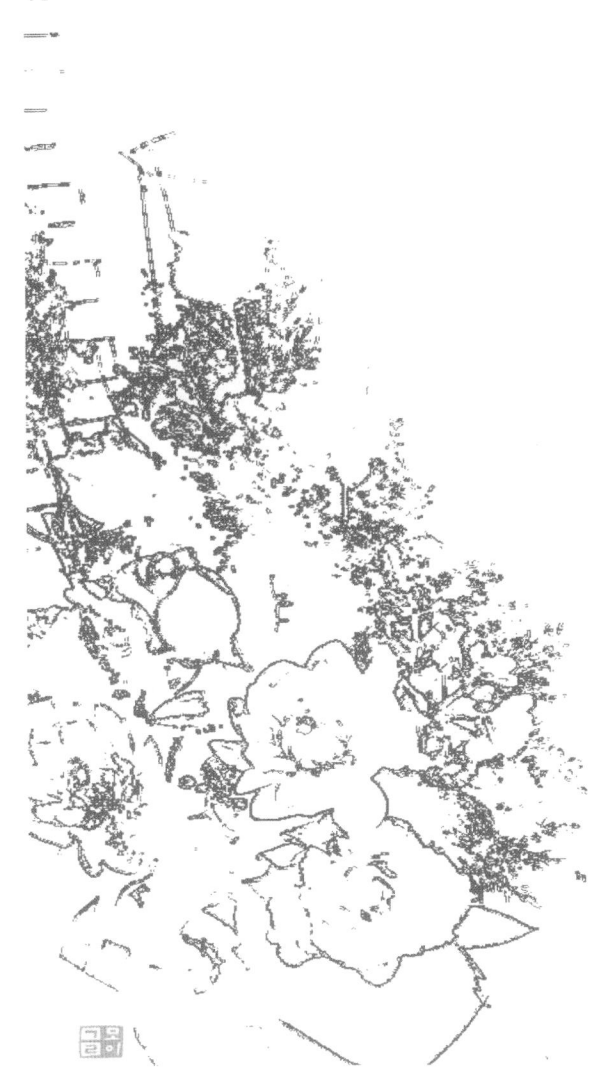

지금 내 마음은 어떤가요?

13. 변형 스프레이형 꽃꽂이

퐁퐁 국화, 리시안셔스, 안개꽃 등으로 자유롭게!
퐁퐁(폼폰, Pompon Chrysanthemum)의
꽃말은 '진실, 성실, 감사'입니다.

지금 내 마음은 어떤가요?

14. 캐모마일 꽃바구니

-캐모마일, 옥시 펜타늄, 파블로 유칼립투스 등-
달콤한 사과향이 나는 캐모마일(마트리카리아)은
'식물 의사'라고도 불려요.

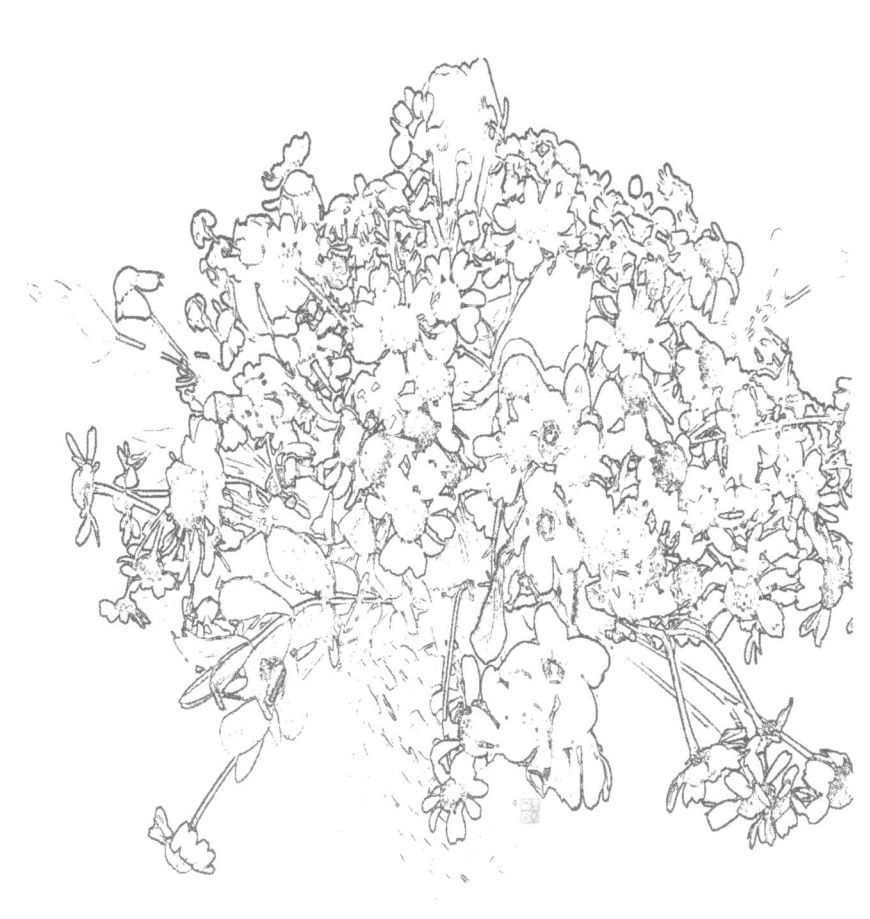

지금 내 마음은 어떤가요?

15. 변형 역T자 꽃꽂이

-미니 거베라, 스타티스, 구니 유칼립투스 등-
스타티스(statice)는 '해변에 사는'이라는 뜻의
라틴어에서 유래되었고,
꽃말은 '불변의 사랑'이랍니다.
절화나 드라이 플라워로 많이 쓰인답니다.

지금 내 마음은 어떤가요?

16. 나에게 소중한 것들

-장미, 루스커스, 편백, 소국 등-
루스커스 꽃말은 '변하지 않는 소중함'입니다.
물에 꽂아두어도 오랫동안 우리에게 초록 초록 싱그러움과
잎 뒤쪽에 앙증맞은 꽃도 피워주는 신기한 꽃이지요.

지금 내 마음은 어떤가요?

17. 원형 부케

-장미, 리시안셔스, 시네리아 유칼립투스, 마디초 등-
리시안셔스는 '꽃도라지'라고도 불리며,
꽃말은 '변치 않는 사랑'입니다.

지금 내 마음은 어떤가요?

18. 함께 춤을~

멋지게 유영(游泳)하며 춤추고 있는 아이비!
아이비(Ivy)의 꽃말은 '진실한 애정, 사랑, 성실,
우정, 끈기 있고 오래 지속되는 관계'를 의미합니다.

지금 내 마음은 어떤가요?

19. 옥시 꽃바구니

−옥시 펜타늄, 마트리카리아(캐모마일), 리시안셔스 등−
옥시는 시장에서는 '블루 스타'라고도 합니다.
잘랐을 때 끈적한 하얀 진액이 나와서 민감한 사람들은 가렵기도 해요.
꽃말은 '사랑의 방문, 서로 믿는 마음, 행복한 사랑'뿐만 아니라,
'날카로움'이라는 의외의 꽃말도 있어요.

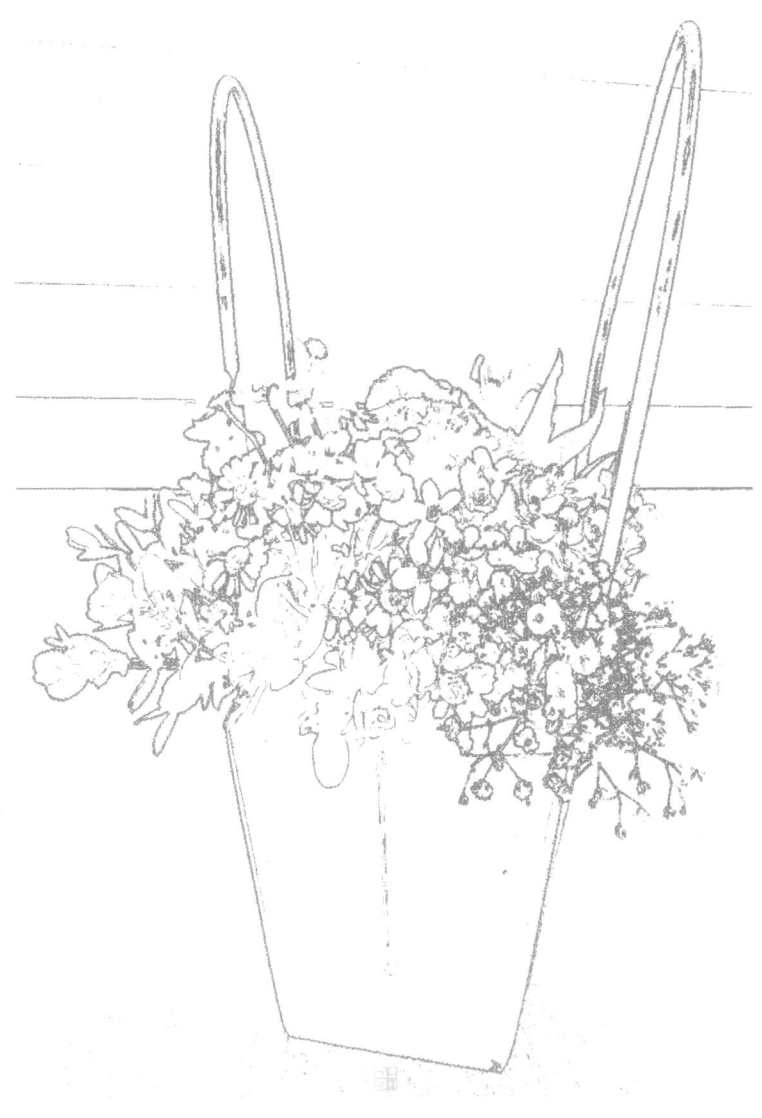

지금 내 마음은 어떤가요?

20. 금어초 역T자형 꽃꽂이

-금어초, 리시안셔스, 미스티 블루, 편백나무 등-
금붕어를 닮아서 금어초(金魚草)를 라인 플라워로 활용했어요.
원산지인 남유럽, 북아프리카에서는
용의 입과 닮아서 'Snapdragon'이래요.
꽃말은 '수다쟁이, 주제넘게 참견하다, 욕망, 오만'입니다.

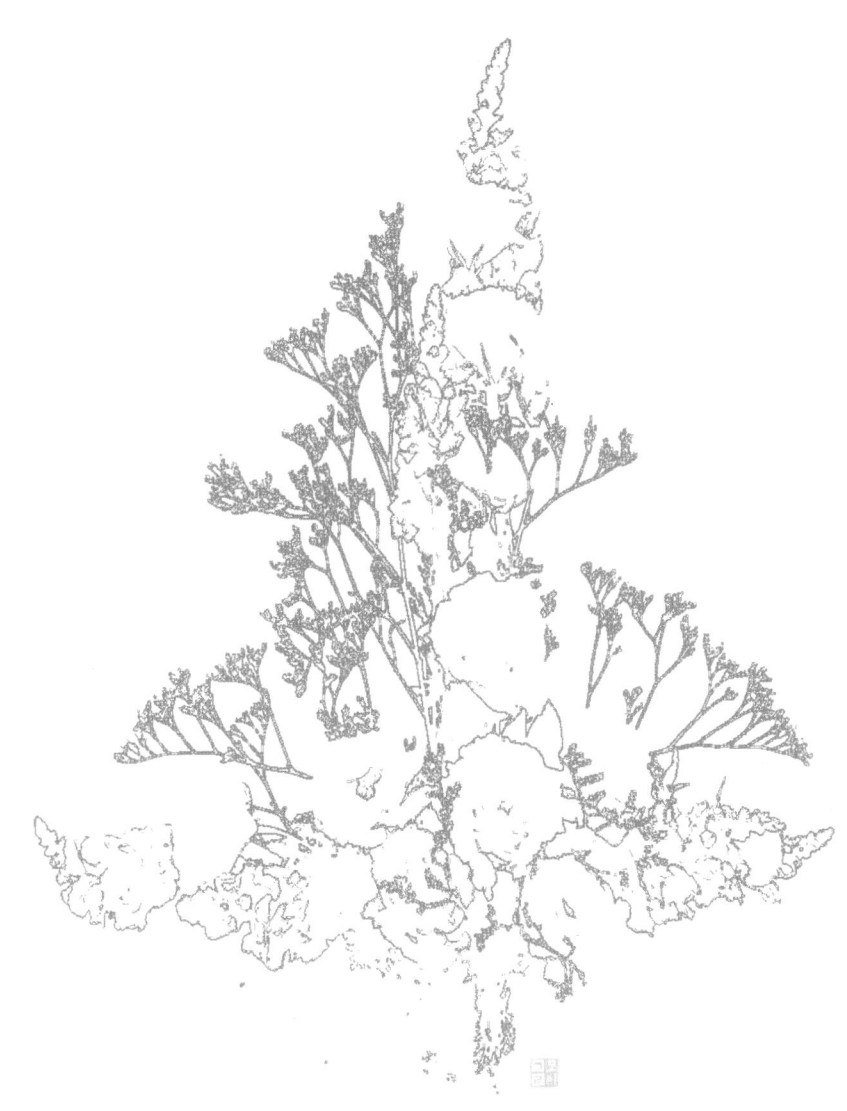

지금 내 마음은 어떤가요?

21. 대각선형 꽃꽂이

-스프레이 카네이션, 잎새란 등-
카네이션은 보통 줄기 끝에 하나의 꽃이 달려있어요.
여러 개의 꽃이 달리는 것을 '스프레이 카네이션'이라고 합니다.
꽃말은 '사랑과 존경'입니다.

지금 내 마음은 어떤가요?

22. 구조물 센터피스

-말채나무, 오리나무, 천리향, 니겔라 등-
니겔라의 꽃말은 '꿈길의 애정, 안개 속의 사랑, 짝사랑'입니다.
씨앗이 까매서 '흑종초'라고도 합니다.

*센터피스(Centerpiece)는 식탁의 중앙에 놓는 장식물을 의미합니다.
- 꽃 센터피스: 생화나 프리저브드 플라워를 활용한 장식물로 가장 대중적인 형태입니다. 계절감을 살린 꽃과 잎을 조화롭게 배치하여 자연스러운 분위기를 연출합니다.
 테이블의 크기와 형태에 맞춰 높이와 볼륨을 조절할 수 있어요.
- 오브제 센터피스: 도자기, 유리, 금속 등 다양한 소재를 활용합니다.
 촛대, 조각품, 화병 등을 단독으로 또는 조합하여 독특한 분위기를 만들수 있어요.

지금 내 마음은 어떤가요?

23. 나리와 장미의 노래

-나리, 장미, 루스커스, 리시안셔스, 말채나무 등-
백합(lily)은 우리말로 '나리'입니다.
향기가 강하고 꽃이 크고 아름다워 주재료로 많이 이용됩니다.
꽃말은 '순결, 재생'입니다.

지금 내 마음은 어떤가요?

24. 초록 세상

-아이비(ivy)-
우리나라에는 '송악'이라 불리는 담쟁이 넝쿨이 있지요.

도종환 님의 詩가 생각납니다.
"저것은 넘을 수 없는 벽이라고 고개를 떨구고 있을 때,
담쟁이 잎 하나는 담쟁이 잎 수천개를 이끌고 결국 그 벽을 넘는다."

지금 내 마음은 어떤가요?

25. 내 마음을 전해요!

-석죽, 금어초, 스프레이 카네이션, 사철나무 등-
석죽(화)은 패랭이꽃 속에 속하며,
일반적으로 '패랭이꽃'이라고 부릅니다.
꽃말은 '순결한 사랑'이랍니다.

지금 내 마음은 어떤가요?

26. 사랑이란...

-마디초, 장미, 리시안셔스, 시네리아 유칼립투스 등-
마디초는 상록 다년초로 줄기는 짙은 녹색으로
마디가 뚜렷하며, 잎은 없어요.
마디마다 검은 줄무늬가 있어서 '속새'라고 부르기도 해요.

지금 내 마음은 어떤가요?

27. 폭포형 부케

－장미, 리시안셔스, 폴리안 유칼립투스, 아이비 등－
폭포형 부케는 원형의 중심 부분 밑에 갈란드를 연결하여
자그마한 폭포에서 물이 흘러내리는 형태로
구성한 꽃다발이랍니다.

지금 내 마음은 어떤가요?

28. 첫눈에 반해요!

공작초, 카네이션으로 꽃꽂이!
공작초의 학명은 '아스터(Aster)'입니다.
꽃말은 '첫눈에 반함, 상상력'이라고 해요.

지금 내 마음은 어떤가요?

29. 솔리는 미역취!

-장미, 솔리, 사철나무 등-
솔리(솔리다고)는 '미국 미역취 또는 서양 미역취'라고도 해요.
작은 노란색 꽃이 매력적입니다.
꽃말은 '저를 돌아봐 주세요'랍니다.

지금 내 마음은 어떤가요?

30. 비잔틴콘

-스토키, 장미, 황금편백, 리시안셔스 등-
원추형 꽃꽂이(비잔틴콘)는 비잔틴 시대 건축물의 지붕 모양으로
입체적 구성의 사방화입니다.
원뿔모양처럼 둥글고 매끄럽게 꽂는 화형이지요.
고대의 건축양식에서 영감을 얻어 만들어졌어요.

지금 내 마음은 어떤가요?

31. 행복 수레국화

-수레국화, 보리, 프리지어-
수레국화는 국화의 한 종류로
보라색 내지 파란색 꽃잎 색깔이 특징적입니다.
꽃말은 '행복감'입니다.
아름다운 색상으로 사람에게 주목받기 전에는 그냥 잡초였기 때문에
아무 데서나 잘 자란답니다. 한 번 심으면 따로 관리를 하지 않아도
다음 해에 많이 퍼져나가는 기특한 꽃입니다.

지금 내 마음은 어떤가요?

32. 기쁜 소식을 전해요!

-붓꽃, 작약, 사철, 황금 편백-
붓꽃은 아이리스(Iris)라고 하며,
그리스어로 '무지개'를 뜻하는 '이리스'에서 유래했어요.
꽃말은 '행운', '사랑의 메시지'도 있지만,
보라색 붓꽃은 '기쁜 소식',
노란색 붓꽃은 '슬픈 소식',
흰색 붓꽃은 '사랑'을 상징하기도 합니다.

지금 내 마음은 어떤가요?

33. 낮에 활짝 피었어도 달맞이꽃!

-파인애플 세이지, 나비란, 달맞이꽃, 수레국화 등-
노란색 달맞이꽃은 아메리카 원산의 귀화식물이에요.
꽃말은 '말 없는 사랑, 기다림, 밤의 요정, 소원, 마법, 마력'이래요.
큰 달맞이꽃(Oenothera glazioviana)은
멘델의 법칙을 재발견하게 된 식물 중 하나랍니다.

지금 내 마음은 어떤가요?

34. 꽃의 여왕 장미

-솔리다고, 샤만트 장미, 사철나무 등-
꽃의 여왕인 장미는 그 종류가 3만여 개가 넘는다고 하네요.
스탠다드 장미, 스프레이 장미, 가든 장미, 미니 장미 등
비슷한 형태와 색상이 많아서 정확히 알기도 힘들지요.
흰 장미는 '순결, 순진, 매력, 존경',
붉은 장미는 '낭만적인 사랑, 용기, 열정',
분홍색 장미는 '감사, 감탄, 행복한 사랑' 등
색상별로 다양합니다.

지금 내 마음은 어떤가요?

35. 나의 진실한 사랑

-마가렛, 목백합나무, 편백나무, 카네이션 등-
마가렛(마거리트)은 여러해살이풀로
여름부터 가을에 걸쳐 흰색, 노란색의 꽃이 피지요.
마가렛은 데이지 꽃과 비슷해서 '보스턴 데이지'라고도 불립니다.
꽃말은 '진실한 사랑'입니다.

지금 내 마음은 어떤가요?

36. 보리밭 사잇길

−보리, 남천, 수레국화 등−
보리밭 사잇길로 남천 꽃, 수레국화, 민트가 있어요.

지금 내 마음은 어떤가요?

37. 빨갛게 수줍은 미소를 띠는 칼랑코에

-칼랑코에, 수레국화, 파인애플 세이지-
칼랑코에는 건조한 환경에서 자라는 다육식물로 키우기 쉬우며,
꽃이 아름답고 색도 매우 다양해 관상용뿐만 아니라,
꺾꽂이로 번식이 가능하여 인기가 많아요.
칼랑코에의 꽃말은 '설렘'입니다.

지금 내 마음은 어떤가요?

38. 변하지 않는 사랑을 꿈꾸며!

-금사매-
금사매는 물레나물과에 속하는 떨기나무입니다.
'꽃잎 속에 금빛 수술로 만들어진 매화'인
금사매(金絲梅)의 또 다른 이름은
24절기 가운데 망종(芒種) 무렵에 피는 꽃이라 해서
'망종화(芒種花)'라고도 해요.
꽃말은 '정열, 사랑의 슬픔, 변치 않는 사랑'입니다.

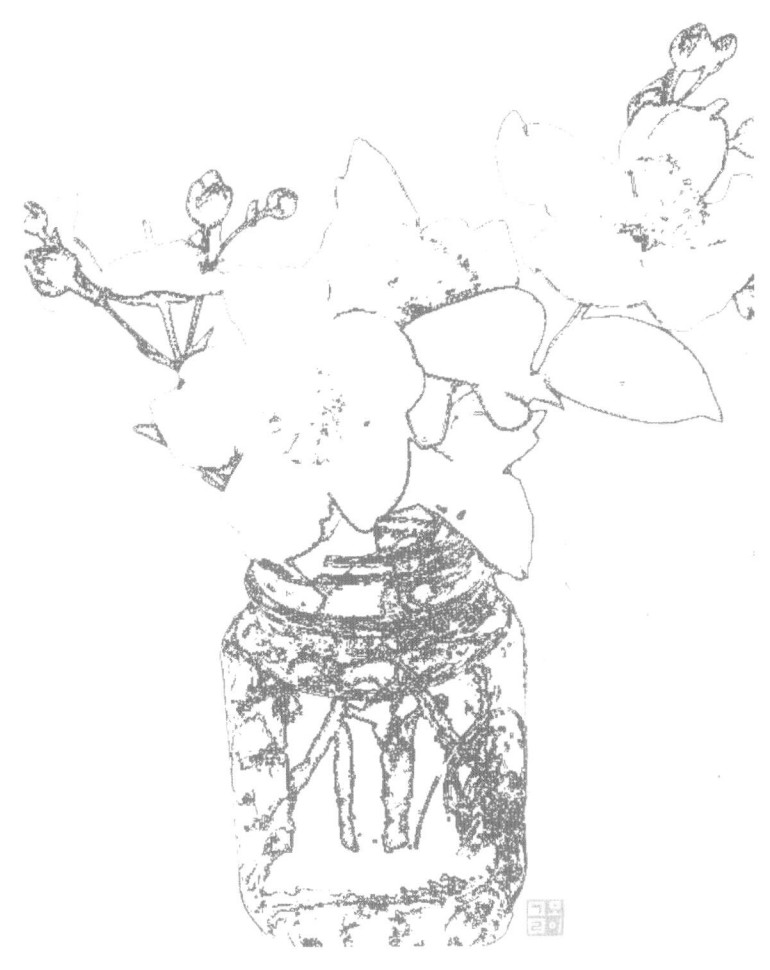

지금 내 마음은 어떤가요?

39. 훈훈한 정을 나눠요!

-냉이초, 작약, 사철나무-
냉이초는 들판에 흐드러지게 피어 소박한 아름다움을 선보이지요.
생화도 아름답지만 드라이 플라워로도 좋아요.
꽃말은 '당신에게 저의 모든 것을 드릴게요'랍니다.

지금 내 마음은 어떤가요?

40. 각양각색 꽃다발!

-왁스플라워, 르네브 백합, 카네이션, 장미(올포유, 헤라),
리시안셔스, 유칼립투스(블랙잭, 파블로) 등-
왁스플라워의 꽃말은 '불로장생, 영원'이랍니다.
딱딱한 나무줄기에 사이좋게 매달려 피어나는
작은 꽃송이들이 매력적이지요.

지금 내 마음은 어떤가요?

41. 시원한 부채형 꽃꽂이

-부들잎, 키위 장미, 미스티 블루 등-
잎이 부들부들해서 '부들'이라고 불린답니다.
소시지처럼 생긴 갈색 꽃이삭이 큰 특징인
부들의 꽃말은 '순종'이래요.

지금 내 마음은 어떤가요?

42. 상큼한 우정을 가꿔요!

-파인애플 세이지, 보리, 남천, 수레국화 등-
파인애플 세이지 잎을 손으로 비비면 파인애플 향기가 나고,
고기의 맛을 좋게 한답니다.
속명은 Salvia로 라틴어의 '안정, 치유'
또는 salvo, '구하다'라는 뜻에서 유래했대요.
꽃말은 '우정'입니다.

지금 내 마음은 어떤가요?

43. 공기를 깨끗하게!

-셀렘, 부들, 해바라기, 카네이션 등-
셀렘은 넓고 시원스러운 잎이 매력적입니다.
NASA에서 선정된 공기정화식물 25위인 셀렘은
포름알데히드, 전자파 차단, 이산화탄소를 흡수하지요
꽃말은 '나를 사랑해 주세요. 수줍음'이랍니다.

지금 내 마음은 어떤가요?

44. 나 자신에게 감사를!

-다알리아, 유칼립투스, 옥시 펜타늄, 장미, 카네이션 등-
국화목 국화과에 속하는 다알리아꽃, '달리아'라고도 불리는
이 꽃은 크고 화려하여 많은 사랑을 받고 있지요.
품종이 14,000개 이상이랍니다.
꽃말은 '감사, 화려, 영화'라고 하는데, 색상에 따라 차이가 있어요.

지금 내 마음은 어떤가요?

45. 때로는 단순하게

-곱슬 버들, 아미, 카네이션, 미스티 블루 등-
하늘하늘거리는 곱슬 버들은 '용버들'이라고도 불리며,
꽃말은 '경쾌'입니다.
단순하게 곱슬 버들 몇 개만 꽂아도
멋진 실내 분위기를 연출할 수도 있어요.

지금 내 마음은 어떤가요?

46. 포옹

-다양한 색상의 수레국화, 개망초, 금계국, 마가렛 등-
개망초는
1) 번식력이 강해 지천으로 피어 농사를 망친대요.
2) 한일합방 즈음 들어와 나라를 망하게 하는 풀이란 뜻도 있어요.
3) 가운데 노란 통상화를 둘러싼 하얀 설상화의 모습이
계란을 닮아 '계란꽃'이라고도 불립니다.
꽃말은 '화해'랍니다.

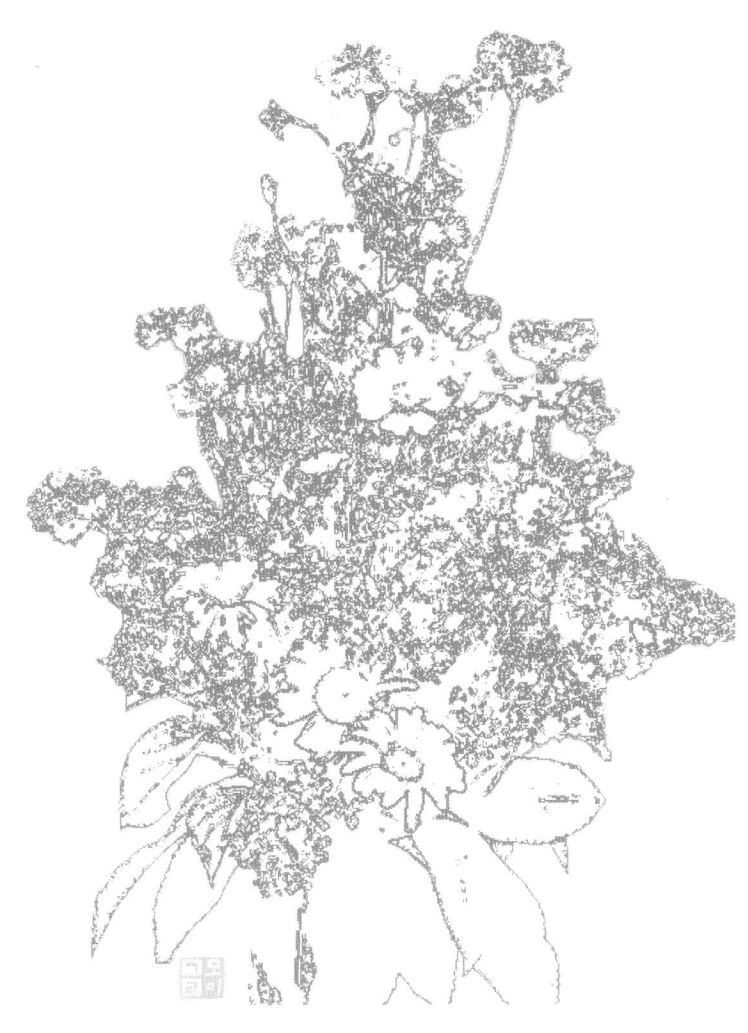

지금 내 마음은 어떤가요?

47. 따로 때론 함께

-보리, 남천나무 꽃, 수레국화, 칼랑코에 등-
매자나무과 남천속에 속하는 유일한 종으로
'남촌촉, 남천죽'이라고도 불립니다.
신사임당의 화조도에도 그려진 남천의 꽃말은 '전화위복'입니다.

지금 내 마음은 어떤가요?

48. 코끼리 마늘

-코끼리 마늘-
부추속에 속하는 식물로
다양한 국가에서 작물로 광범위하게 재배되는 종입니다.
'왕마늘, 웅녀마늘' 등으로도 불립니다.
일반 마늘보다 2~3배 정도 크고, 맛과 향이 부드럽답니다.

지금 내 마음은 어떤가요?

49. 나를 위한 천일 사랑 계획

-천일홍, 리시안서스, 옥시 펜타늄, 유칼립투스 등-
천일 동안 변함없이 꽃이 피어 있는 천일홍은 꽃잎이 건조하고
색이 잘 변하지 않아 드라이 플라워로 자주 활용하는 예쁜 꽃입니다.
꽃말은 '불후, 불변, 변치 않는 사랑'이지요.

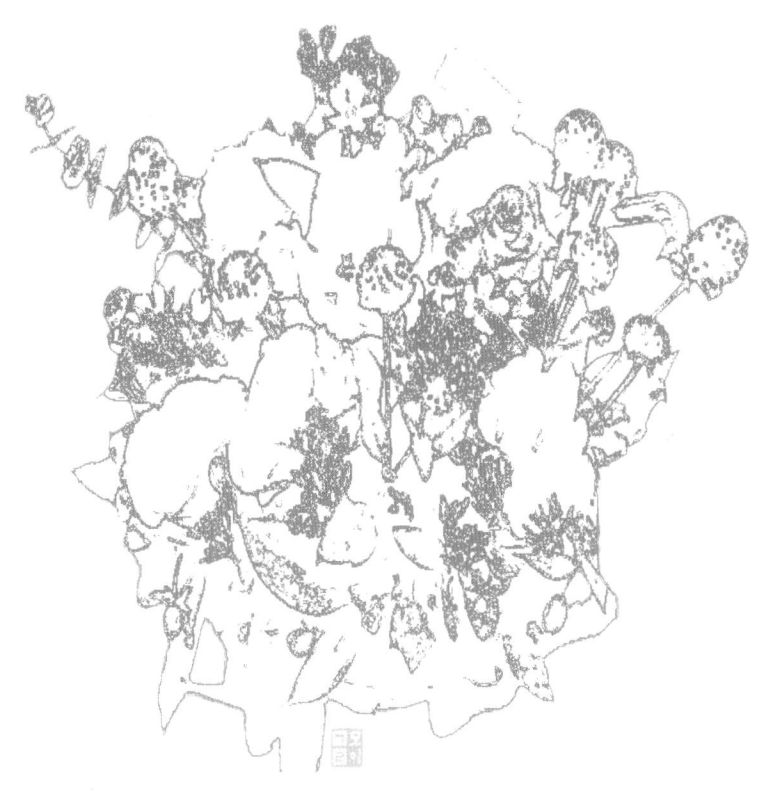

지금 내 마음은 어떤가요?

50. 나를 든든하게 지키는 마음챙김

-레몬 유칼립투스, 시네리아 유칼립투스-
호주의 고무나무로 불리는 유칼립투스는
전 세계 300여종 이상 있어요.
유칼립투스(Eucalyptus)는 꽃이 피기 전에
'꽃 받침이 꽃의 내부를 완전히 둘러싸고 있다'는 뜻으로
Eu는 희랍어의 'Well',
Calypto는 'Caver'라는 말에서 유래되었대요.

지금 내 마음은 어떤가요?

51. 추억 속으로

-강아지 풀, 금계국, 개망초 등-
벼목 벼과 강아지풀속에 속하는 강아지풀은
이삭의 모양이 강아지 꼬리를 닮아 '개꼬리풀'이라고도 불립니다.
예전에 흉년이 들면, 피와 강아지풀을 쌀 대신 먹었다고 해요.
크기가 작아 죽을 쑤어 먹었대요.
꽃말은 '동심, 노여움'입니다.

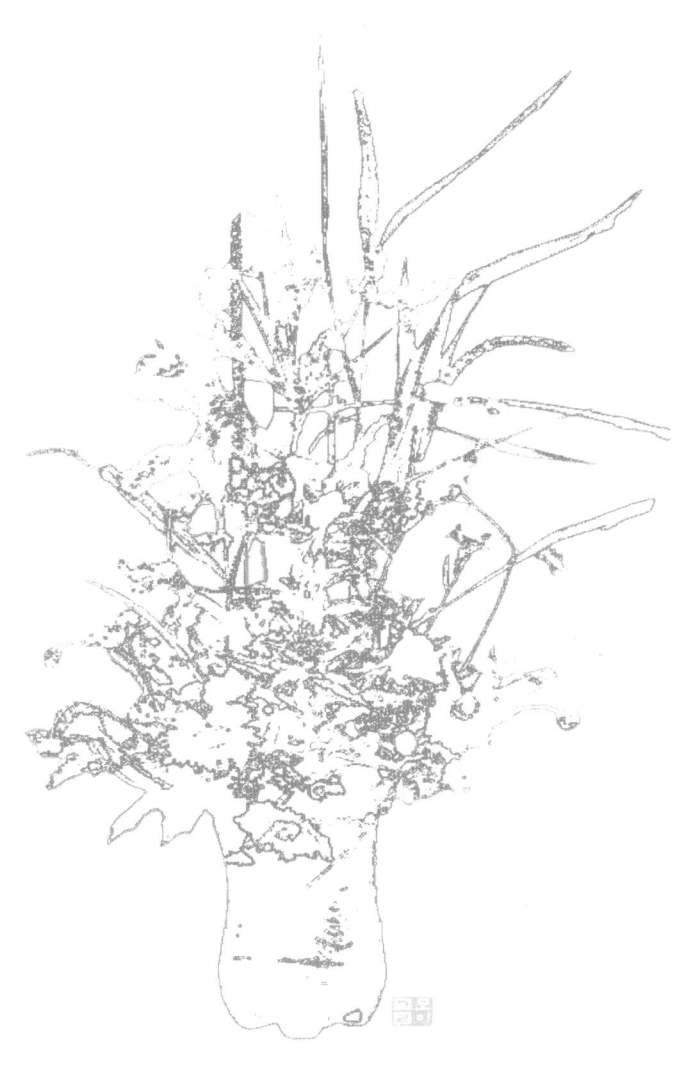

지금 내 마음은 어떤가요?

52. 함빡 웃어봐요!

-잎새란, 거베라, 과꽃, 작약, 스타티스 등-
작약은 꽃이 크고 탐스러워서 '함박꽃'이라고도 해요.
백작약, 적작약, 호작약, 참작약 등 다양한 품종이 있지요.
작약의 꽃말은 '부끄러움',
중국에서는 '정이 깊어 떠나지 못한다'는 꽃말도 있답니다.

지금 내 마음은 어떤가요?

53. 지금 함께하기에 행복하다!

-큰 금계국, 천일홍, 마가렛 등-
6월의 코스모스라고 불리기도 하는 금계국!
꽃차례의 혀꽃 기부에 반점이 전혀 없는 점에서
적갈색 반점이 있는 금계국 및 기생초와 구별된답니다.
꽃말은 '상쾌한 기분'입니다.

지금 내 마음은 어떤가요?

54. 누구나 한 가지 이상의 신비함을 갖고 있어요!

-잎새란, 백합, 거베라, 루모라 고사리 등-
거베라는 국화의 일종이지요. 거베라 데이지, 아프리카 데이지,
바버턴 데이지, 비주국(非洲菊) 등으로도 불립니다.
다양한 색상과 크고 화려한 꽃으로 야생 품종은 30여 가지 이상,
개량된 품종도 2천 가지가 넘는다고 해요.
꽃말은 '신비, 풀 수 없는 수수께끼'랍니다.
색상마다 다른 꽃말을 가지고 있어요.

지금 내 마음은 어떤가요?

55. 잘 보이지 않지만,

-장미, 리시안셔스, 유칼립투스, 루모라 고사리 등-
진녹색 삼각형 형태의 루모라 고사리는 양치식물입니다.
고사리는 포자로 번식하기 때문에 꽃이 피지 않아요.
그늘진 곳에서 잘 자라고 공기 정화 효과가 있어
실내 인테리어 식물로 활용되고 있습니다.
아래 사진에서 살짝 보이는 루모라 고사리를 찾아보세요.

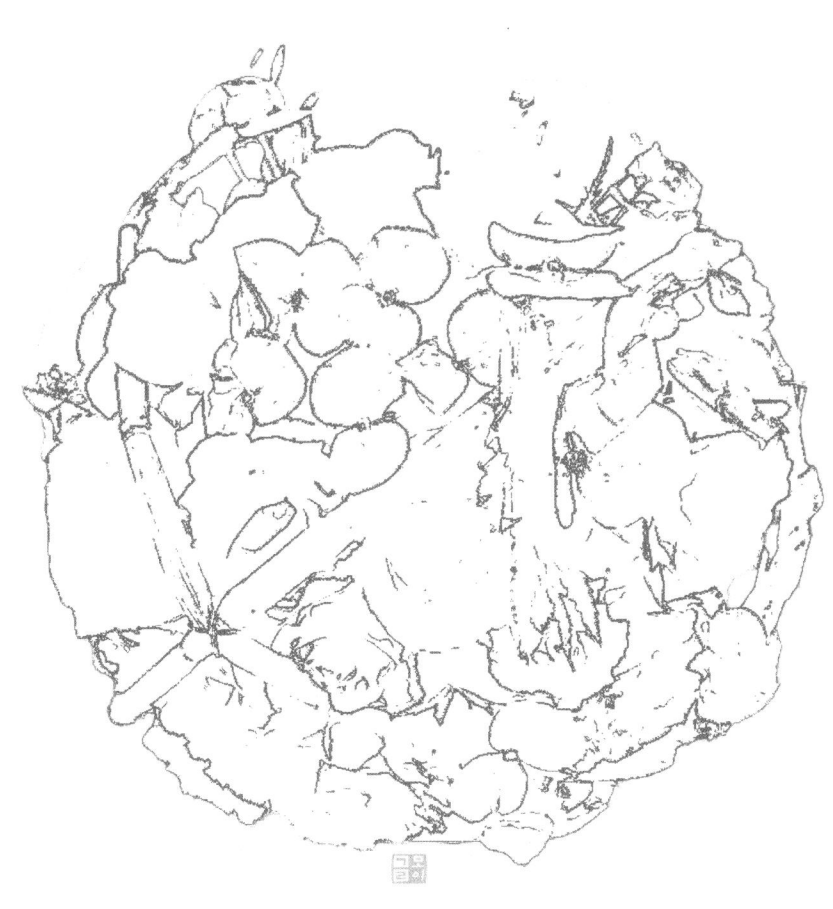

지금 내 마음은 어떤가요?

56. 단짝 친구

−제브리나, 억새−

제브리나(보라 얼룩 자주달개비)는 멕시코가 원산지이며,
마디에서 뿌리를 내며 옆으로 뻗어나가므로 화분걸이용으로도 좋아요.
번식은 줄기나 포기나누기로 하며, 물꽂이를 해도 아주 잘 자랍니다.
통풍이 좋은 밝은 그늘을 좋아해요. 빛의 양에 따라 색이 달라요.
꽃말은 '영원한 사랑, 변치 않는 마음'입니다.

지금 내 마음은 어떤가요?

57. 자연스럽게

-리시안셔스, 마디초, 유칼립투스, 루모라 고사리 등-
폭포형 부케는 자연의 폭포수에서
물이 흐르는 모양을 꽃으로 표현하여,
신부 드레스의 옆라인을
자연스럽게 강조시켜줍니다.

지금 내 마음은 어떤가요?

58. 풀을 묶어 은혜를 갚아요!

-수크령, 금계국, 달맞이꽃-

수크령은 벼과로 가을철 가장 흔하게 볼 수 있는 여러해살이 풀입니다.
강아지풀 꽃이삭은 강아지 꼬리처럼 아래로 고개를 푹 수그리고 있지만,
수크령의 커다란 꽃이삭은 하늘을 향해 고개를 꼿꼿이 들고 있어요.
그래서 '분수초(Fountain grass)'라고도 불러요.
수크령은 아주 억세고 질긴 특징 때문에
'결초보은(結草報恩)'이란 한자성어에 나온 풀이랍니다.

지금 내 마음은 어떤가요?

59. 최고의 행운

-개운죽, 아이비, 이끼 등-

대나무와 비슷한 생김새로 '죽'이 붙었지만, '드리세나'의 일종입니다.
대부분 수경재배를 하며, 기르기가 쉬워서 물병에 꽂아두고
1~2주에 한 번씩 물을 갈아주거나 보충해 줘도 잘 자랍니다.
공기 정화 효과가 뛰어납니다.
직사광선에 오래 노출되면 잎이 상할 수 있어서
간접광으로 기르는 것이 좋아요.
개운죽의 꽃말은 '행운, 장수, 행복' 등입니다.
'럭키 뱀부'라는 이름으로도 불리며, '행운을 가져다준다'고 해요.

지금 내 마음은 어떤가요?

60. 늘 푸른 청년이고파라

-실 거베라, 그린 국화, 장미, 사철나무 등-
사철나무는 노박덩굴과에 속하는 관속식물이에요.
'겨우살이나무, 동청뫼, 동청목'이라고도 불리는 늘 푸른 나무로
사계절 내내 초록색이라 '사철나무'라는 이름이 붙었어요.
꽃말은 '변함없음, 불변'인데,
때로는 '지혜, 어리석음을 안다'와 같은 의미로도 쓰인답니다.

지금 내 마음은 어떤가요?

61. 한계 너머 희망

-리시앤셔스, 탑 사철, 거베라 등-
탑사철은 선을 표현할 수 있어
플라워 어레인지먼트로 많이 이용됩니다.
수평선(Horizon)은 그리스어 'horizon'에서 유래되었는데,
'한계, 경계' 등으로 다가갈 수 있는 곳과
다가갈 수 없는 곳의 경계를 나타내는 개념이랍니다.
한편으로는 물리적인 개념뿐 아니라, 그 경계선을 넘어 바라보는 것,
즉, 한계나 가능성을 넘어선 새로운 것을 추구하는
의미도 함축하고 있습니다.

지금 내 마음은 어떤가요?

62. 나는 나!

−장미, 리시안셔스, 루모라 고사리, 마디초 등−
각자의 역할에 맞게 자리를 빛내 주니
예쁜 폭포형 부케가 완성되었습니다.
나는 어떤 개성, 장·단점을 갖고 있나요?

지금 내 마음은 어떤가요?

63. 적당한 거리 두기

-폼폼 국화, 장미, 유칼립투스, 루모라 고사리 등-
수직과 수평이 만나 L자 형태를 이루는 L형 꽃꽂이!
공간을 효율적으로 활용하고, 다양한 꽃을 조화롭게 배치할 수 있어요.
교차점을 낮게 꽂아야 삼각형처럼 보이지 않고,
L형을 유지할 수 있답니다.

지금 내 마음은 어떤가요?

64. 맘껏 허리를 펴요!

－실 거베라, 그린 국화, 장미, 편백나무 등－
병렬형 꽃꽂이는 꽃 소재를 병렬로 구성하여
각 줄기가 독자적으로 초점을 갖고 있고,
줄기와 줄기 사이에 공간이 있어요.
좁은 공간이나 구석진 곳, 세로로 긴 공간에 적합해요.
직선의 끝부분에 매스 플라워나,
라인 플라워를 사용하면 잘 어울린답니다.

지금 내 마음은 어떤가요?

65. 나에게 꽃을 선물해 봐요!

－마가렛, 거베라, 장미, 리시얀셔스, 탑 사철 등－
스프레이형 꽃꽂이, 또는 꽃다발형은
줄기 등 자연적인 소재들을
효과적으로 장식할 수 있는 꽃꽂이 형태입니다.
잘라낸 줄기를 다시 이용하여 자연스럽게 꽂고,
리본을 곁들이는 화려한 화형이랍니다.

지금 내 마음은 어떤가요?

66. 단단한 나!

—장미, 구상나무, 리시안셔스, 실거베라 등—
구상나무는 소나무과 식물로 한국의 특산종이에요.
대한민국의 산지에만 자생하는 고유종이라고 해요.
크리스마스 트리로 유명하며, 높은 산에서 잘 자란답니다.
꽃말은 '기개'입니다.

지금 내 마음은 어떤가요?

67. 유리 볼 나의 마음들

－스토크, 카네이션, 리시안셔스, 소국, 천일홍 등－
유리 볼에 나의 다양한 마음을 담아봅니다.
그러나 어떤 마음들은 불쑥불쑥 튀어나와
가끔 당혹스럽게도 합니다.

지금 내 마음은 어떤가요?

68. 세 갈래의 길

－폼폼 국화, 장미, 유칼립투스, 루모라 고사리 등－
때로는 다양한 길을 마주할 때가 있습니다.
이럴 때 어떤 기준, 가치를 갖고 선택하나요?

지금 내 마음은 어떤가요?

69. 적응력

−칼랑코에, 아이비, 코끼리 마늘−
칼랑코에는 놀랍게도 물속에서도 잘 자랍니다.
다육식물은 건조한 기후에 적응하기 위하여
잎이나 줄기, 혹은 뿌리에
물을 저장하는 구조를 지니고 있는 식물입니다.

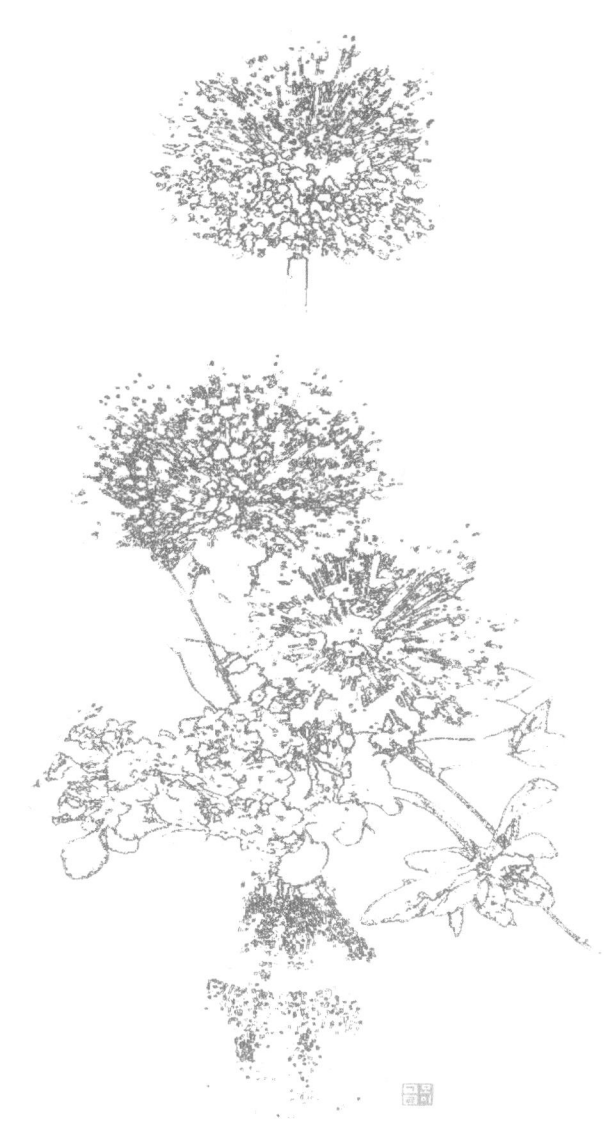

지금 내 마음은 어떤가요?

70. 보편적 경험

-실 거베라, 그린 국화, 장미, 사철나무 등-
모든 인간에게서 공통적으로 나타나는 또는 경험하는 것들이 있습니다.
이를 '보편적 경험'이라고 하지요.
여기에는 사랑, 슬픔, 기쁨과 같은 감정이나,
부모 자식간의 관계, 죽음에 대한 인식 등이 있어요.
이러한 보편적 경험은 예술, 문학, 철학 등
다양한 분야의 창의적인 표현의 원천이 된답니다.

지금 내 마음은 어떤가요?

71. 분별력

－리시안셔스, 루모라 고사리 등－
꽃 케이크를 만들어봤어요.
먹을 수 있는 꽃에는
진달래, 국화, 아카시아, 호박, 매화, 복숭아, 살구, 베고니아,
팬지, 장미, 제라늄, 재스민, 금어초, 한련화(나스터튬),
수레국화, 금잔화, 데이지 등이 있답니다.

아래에 사용한 꽃은 먹을 수 없고, 장식으로 활용했어요

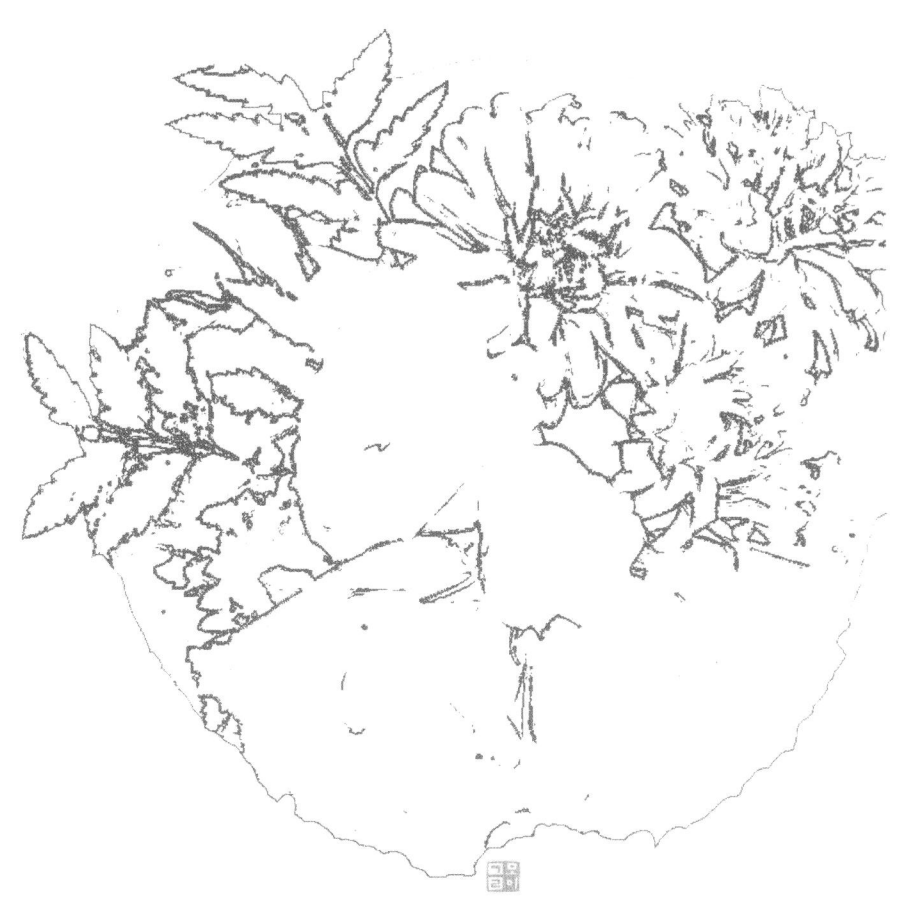

지금 내 마음은 어떤가요?

72. 지금 이 순간

-구상나무, 유칼립투스, 목화솜 등-

지금 나를 존재하게 하는 것들에는 무엇이 있나요?

지금 이 순간 내게 소중한 것은 무엇인가요?

지금 내 마음은 어떤가요?

🌿 에필로그 🌿

72개의 '마음챙김 플라워'로 힐링하셨나요?

나는 어떤 마음들을 많이 느끼고 있나요?
어떤 나를 만나 보셨나요?
나는 어떤 사람인가요?
나의 "선택"은 무엇이고, "if"들은 무엇이었나요?
나의 내면에는 어떤 것들이 자리를 잡고 있나요?

내면가족체계(IFS:Internal Family Systems/ Richard C. Schwartz박사)
에서는 개인의 내면을 하나의 가족 시스템으로 보고,
다양한 내면의 '부분들'이 서로 상호작용하며,
'개인의 행동, 감정, 사고에 영향을 미친다'고 설명합니다.
이러한 내면의 부분들을 '내면가족'이라고 부릅니다.

내면가족의 주요 구성 요소에는
자아(Self),
보호자(Managers),
소방관(Firefighters),
추방자(Exiles)가 있어요.

자아(Self)는
개인의 본질적이고 중심적인 부분으로 봅니다.
자아는 고요하고, 균형 잡혀있으며,
자비롭고, 지혜롭고, 강력한 성질을 가지고 있습니다.

또한,
내면의 다른 부분들을 이해하고,
이끌고,
치유하는 역할을 합니다.

보호자(Managers)들은
일상적인 삶에서 개인을 보호하고 안정감을 유지하기 위해
활동하는 부분들입니다.
이들은 문제를 예방하고, 통제하며, 조직화하는 역할을 합니다.

소방관(Firefighters)들은
긴급 상황에서 즉각적으로 반응하여,
고통이나 불편함을 억제하고, 회피하려는 역할을 합니다.
이들은 자주 부정적인 감정을 억누르기 위해
충동적인 행동이나 중독적 행동을 유발할 수 있습니다.

추방자(Exiles)들은
과거의 트라우마나 상처로 인해 억눌리고 고립된 부분들입니다.
이들은 종종 고통스럽고, 두려워하며,
상처받은 감정이나 기억을 가지고 있습니다.
보호자와 소방관들은 추방자들이 다시 떠오르는 것을 막기 위해 노력합니다.

IFS의 치료는 자아(Self)를 중심으로
내면의 다양한 부분들과의 관계를 탐색하고, 치유하는 과정으로
자아와의 접촉
-> 부분들과의 대화
-> 추방자 치유
-> 내면의 조화 단계가 있습니다.
이러한 과정을 통해 자신의 내면을 더 깊이 이해하고,
다양한 부분들과의 관계를 개선함으로써,
더 건강하고 자비로운 삶을 살 수 있도록 돕습니다.
즉, 자아(Self)가 내면의 다양한 부분들을 이끌고,
조화롭게 상호작용하게 함으로써,
개인의 전반적인 정신 건강을 돕습니다.

'72개의 마음챙김 플라워'로
행복하셨기를,
편안하셨기를 바랍니다.

[부록 1] 희로애락 감정들

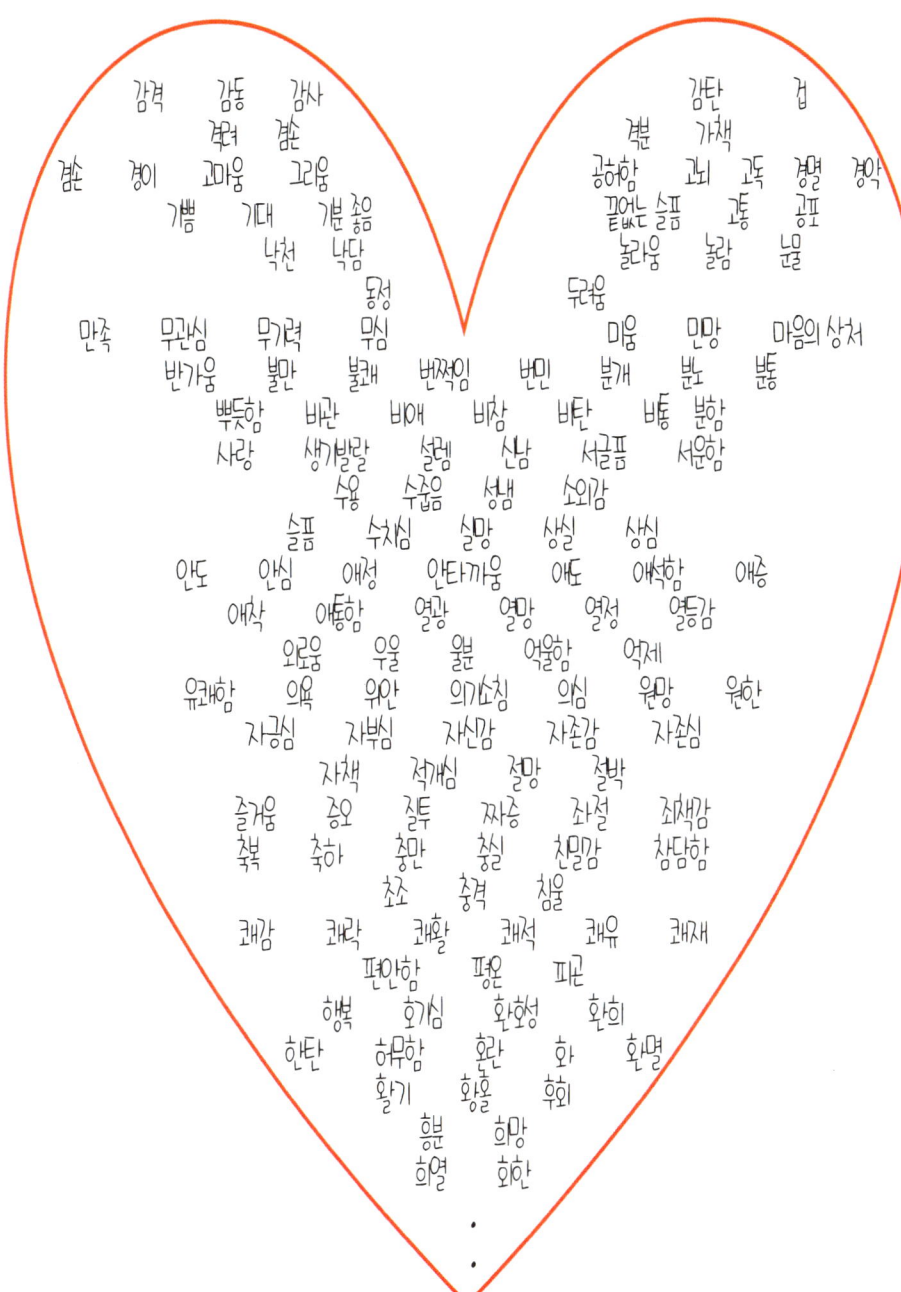

[부록 2] 마음챙김 활동지(워크시트)

지금 마음은 어떤가요?
어떤 감정, 정서, 기분들이 있을까요?

잘 모르겠으면 [부록1]에 있는 내용들을 보면서 이곳에 적어 보세요.
그리고 그 단어 옆에 숫자를 표시해 보세요.
10점 만점으로 점수를 준다면 몇 점일까요?

예를 들면, 기쁨(6), 슬픔(7), 화(9) 이렇게 쓰면 됩니다.

_____

_____

모두 적었나요?
자, 이제는 크게 소리 내서 읽어보세요. 자신에게 말해 주세요!

"나는 지금 (자신이 적은 것들을 읽어보세요) 하구나!,
 그렇구나!, 나는 지금 (자신이 적은 것들을 읽어보세요) 구나!,
 그렇지! 나는 지금 (자신이 적은 것들을 읽어보세요) 마음이구나!"

행복한가요? 기쁜가요?
화가 나나요? 눈물이 흐르나요?
괜찮습니다. 마음껏 느끼세요.
생각하지 말고, 그냥 느끼세요.

'……………'

이제 색채도구(색연필이면 더 좋겠어요.)를 준비해 주세요.

스케치 선으로 되어 있는 꽃에 색칠해 보세요.
원본 사진과 동일하게 색칠하셔도 되고,
마음이 끌리는 대로
원하는 대로 선택해서 채색해 주세요.

모두 색칠을 한 후,
지금 마음이 어떤지 적어봅니다.

색칠하기 전 적었던 것들을 다시 쓸 수도 있고,
다른 것들을 적을 수도 있습니다. 괜찮습니다.
적은 마음(감정)들에 점수를 기록해 보세요.

_____

_____

다시 읽어 보세요. 자신에게 부드럽게 말해 주세요!

"나는 지금 (자신이 적은 것들을 읽어보세요) 하구나!,
그렇구나!, 나는 지금 (자신이 적은 것들을 읽어보세요) 구나!,
그렇지! 나는 지금 (자신이 적은 것들을 읽어보세요) 마음이구나!"

지금 마음과 신체적인 상태는 어떤가요?

_____

간단하게 적은 후 ,

나를 꼬옥 안아 주세요(나비 포옹).

(토닥토닥~.)

나에게 말해 주세요.

"그렇구나!"

참고자료
그리고 더 읽으면 좋은 자료

¶ 내 마음 플라워 힐링 다이어리; 내 자신과 솔직과 대화로 심리정서 근육 키우기, 소향빛, 글모이, 2024

¶ 내면가족체계치료, Richard C. Schwartz 외 공저, 김춘경 외 공역, 학지사, 2021

¶ 만다라로 자기 돌봄; 진정한 욕구 만나기, 소향빛, 글모이, 2025

¶ 쉽게 배우는 FLOWER DESIGN, 라복임 외 공저, 도서출판 기억발전소, 2018

¶ 아동과 함께하는 내면가족체계치료, Lisa Spiegel 저, 신인수 외 공역, 도서출판 하나의학사, 2020

¶ 참자아가 이끄는 소인격체 클리닉 IFS워크북, Bonnie J. Weiss, LCSW 지음, 이진선 외 공역, 시그마프레스, 2016

¶ 플라워디자인의 완벽한 이론 Rlower Design School, Florists' Review, 이지영 역, 정순진 감수, 플로라, 2022

¶ 사단법인 한국원예치료복지협회 (www.khta.or.kr)

¶ 인터넷 (네이버, 다음, 구글, 나무위키, 위키백과, 농사로 등)